CATALOGUE

D'UN

MOBILIER ARTISTIQUE

ANCIEN ET DE STYLE

Des XVI°, XVII° et XVIII° siècles

BEAUX SIÈGES DE SALON EN BOIS DORÉ

Meubles Renaissance en bois sculpté

PIANO DEMI-QUEUE DE PLEYEL

BIJOUX ET ARGENTERIE

TAPISSERIES ANCIENNES

Riches Broderies Renaissance, Tentures, Beaux Tapis de Smyrne

SCULPTURES, BRONZES D'ART

CUIVRES, ÉTAINS, CÉRAMIQUE, CURIOSITÉS

OBJETS VARIÉS

TABLEAUX ET DESSINS MODERNES

Par Boetzel, Buland, Caran d'Ache, Clairin
Courbet, Degrave, Falero, Feyen-Perrin, Ch. Jacque

TH. RIBOT

Enrique Serra, Toudouze, Vibert, etc.

GRAVURES, LIVRES

DONT LA VENTE AURA LIEU

Par suite de décès

HOTEL DROUOT, SALLE N° 1

Les Jeudi 12, Vendredi 13 et Samedi 14 Décembre 1895

A DEUX HEURES

M° TROUILLET	M. B. LASQUIN
COMMISSAIRE-PRISEUR	EXPERT
63, rue Sainte-Anne, 63	12, rue Laffitte, 12

CHEZ LESQUELS SE TROUVE LE PRÉSENT CATALOGUE

EXPOSITION PUBLIQUE

Le Mercredi 11 Décembre 1895, de 1 heure 1/2 à 5 heures 1/2

CONDITIONS DE LA VENTE

———

Elle se fera au comptant.

Les Acquéreurs paieront CINQ POUR CENT en sus des adjudications.

L'Exposition mettant le public à même de se rendre compte des objets, il ne scra admis aucune réclamation, l'adjudication prononcée.

MAULDE, DOUMENC et Cie, imprimeurs de la Cie des Commissaires-Priseurs, rue de Rivoli, 144.   600—54704

DÉSIGNATION

—

TABLEAUX ET DESSINS

BOETZEL

1 — Villiers-sur-Morin.

Pastel.

H. 0m48. L. 0m63.

BOETZEL (E.)

2 — Troupeau d'Oies dans une grange.

Dessin au fusain.

H. 0m44. L. 0m58.

BULAND

3 — Avant l'Audience.

Toile : H. 0m65. L. 0m80.

CARAN D'ACHE

4 — L'Escorte impériale.

Important dessin à la plume et à l'aquarelle.

H. 0m45. L. 0m67.

CLAIRIN

5 — Berger breton.

Toile : H. 0m53. L. 0m31.

2.

COURBET

6 — Marine, Barque sur la plage.

Daté de 1876.

Toile : H. 0^m46. L. 0^m72

DE CONDAMY

7 — Deux Chiens bassets.

Aquarelle.

DEGRAVE

8 — Une Larme. — Cajolerie.

Deux scènes enfantines.

Bois : H. 0^m29. L. 0^m27

DE MACHY

9 — Bergers dans des ruines romaines.

Grande gouache.

FALÉRO

10 — La Vague.

Panneau contourné.

H. 0^m28. L. 0^m65.

FALERO (1877)

11 — Jeune Femme nue.

Bois : H. 0^m24. L. 0^m40.

FEYEN-PERRIN

12 — Les Nymphes.

Bois : H. 0^m26. L. 0^m36.

JACQUE (CH.)

13 — Coq et Poule.

Bois : H. 0^m09 1/2. L. 0^m16 1/2

JACQUE (Ch.)

14 — Coq et Poule.

Bois : H. 0^m 09 1/2. L. 0^m 16 1/2.

LANCRET (Attribué à)

15 — La Balançoire.

Peinture sur panneau.

NAPOLÉON (Le prince)

16 — Vue d'un Château fort.

Petit dessin à la sépia, fait par le prince Napoléon Bonaparte au fort de Ham en 1840.
Cadre en bronze doré.

RIBOT (Th.)

17 — Le Repas du paysan.

Un jeune homme assis mange dans un plat d'étain.
Devant lui, un pot de grès.
Signé à droite.

Toile : H. 0^m 46. L. 0^m 37.

SERRA (Enrique)

18 — *E pur si muove.*

Bois : H. 0^m 15. L. 0^m 20.

TOUDOUZE

19 — Maisons de village.

Bois : H. 0^m 40. L. 0^m 59.

VIBERT

20 — Un Terrassier.

Toile : H. 0^m 30. L. 0^m 22.

VIBERT

21 — Moines.

> Dessin à la plume.

H. o^m55. L. o^m25.

VIBERT

22 — Religieux jouant de la contrebasse.

> Dessin à la plume.

H. o^m55. L. o^m25.

WATTEAU

23 — Jeune Femme vue de dos.

> Contre-épreuve à la sanguine.
> Cadre de style Louis XVI à fronton en bois sculpté.

ÉCOLE FLAMANDE (xvie siècle)

24 — Donatrice en prière et un saint Évêque, martyr.

> Volet de triptyque avec peinture en grisaille au revers,
> représentant l'Annonciation.

ÉCOLE FLAMANDE (xvie siècle)

25 — Portrait de Femme en buste.

> En corsage noir décolleté.

ÉCOLE GRÉCO-RUSSE

26 — Image figurant diverses scènes de la vie du Christ.

> Cadre en bois doré.

GRAVURES

27 — Le Coucher de la Mariée.

> Gravé par Moreau le jeune, d'après Baudouin.

28 — Le Lever de la Mariée.

> Gravé par Th. TRIÈRE, d'après DUGOURE.

29 — Luxe et Indigence.

> Pièce coloriée.

3o — La Réprimande.

> D'après CHARDIN.
> L'eau-forte dans un petit cadre de style Louis XV, en bois doré.

MEUBLES

GRAND SALON

3 i — Table de milieu, du temps de Louis XVI, en bois sculpté et doré. La ceinture ajourée offre des entrelacs de feuillages, de draperies et d'écussons, avec motif central en ressaut à pampres et oiseaux. Les pieds cannelés et fuselés simulent des carquois. Dessin de marbre brêche.

32 — Petite Console demi-ronde, du temps de Louis XVI, à quatre pieds cannelés reliés par un entrejambe à vase et feuillages. Dessin de marbre brêche.

33 — Glace avec cadre, du temps de Louis XVI, en bois sculpté, à guirlandes, surmonté d'un fronton à rinceaux et attributs champêtres.

34 — Deux petits Canapés, deux Bergères et quatre Chaises de style Louis XVI, forme carrée, en bois sculpté, à feuilles d'acanthe et rosaces, garnis de canne dorée et de coussins en soierie de style, à quadrillages de fleurs sur fond crème.

35 — Belle Chaise longue de style Louis XV, en bois
sculpté et doré, à rocailles et feuillages, garnie de
canne dorée et d'un coussin en soierie veloutée à
rayures et fleurettes.

36 — Grande Bergère Louis XV, en bois sculpté à fleurs
et doré, garnie de canne dorée; elle est munie de
deux coussins mobiles et de deux accotoirs en soierie ancienne à rayures vertes et bandes de fleurs.

37 — Charmant petit Siège à deux dossiers en vis-à-vis,
en bois sculpté et laqué, de style Louis XV, garni
de canne dorée et d'un coussin de soie, fond rose.

38 — Petit Guéridon de style Louis XVI, à trois pieds
et à deux tablettes de diamètre inégal, en bois d'aca-
jou, garni d'une frise d'entrelacs de fleurons et de
galeries en bronze doré. Dessin de marbre brèche.

39 — Petit Écran de style Louis XVI, en bois laqué
vert, sculpté et doré, orné de pilastres, rais de cœurs
et rosaces. La feuille en soie pailletée est décorée
d'un portrait de femme en buste.

40 — Petite Table genre Louis XV, en bois satiné, garnie de bronzes. Le dessus en marqueterie de bois
représente une ronde de bergers.

41 — **PIANO** demi-queue de Pleyel, en palissandre.

42 — Grand Tapis de piano en satin rose soutaché
d'anciennes broderies de soie de couleur et d'argent
à bouquets de fleurs.

43 — Trois Décorations de fenêtres en satin vert d'eau
à rayures, avec stores et passementeries de soie.
Style Louis XVI.

PETIT SALON

44 — Meuble Ducerceau, en bois sculpté, à montants composés de doubles colonnettes détachées renfermant des niches avec statuettes en ronde-bosse. Le milieu ouvre à deux portes offrant en bas-relief les figures de la Force et de la Justice. L'entablement orné de deux motifs à mascarons et guirlandes est surmonté d'un fronton contenant un groupe de la Vierge et de l'Enfant Jésus.

45 — Stalle de style gothique en bois sculpté, composée de divers motifs de style ogival et offrant deux figures sur le dossier surmonté d'un petit dais.

46 — Stalle de style gothique en chêne sculpté, dont le dossier est formé par un motif à fleurons dans des ogives.

47 — Grande Chaise Louis XIII, à haut dossier sculpté à feuillages et ajouré, pieds et bras à torsades (avec coussin en velours d'Utrecht jaune).

48 — Deux Fauteuils Louis XIII, à dossier bas, en noyer à piétement et bras à torsades, garnis d'ancienne tapisserie verdure.

49-50 — Quatre grands Fauteuils de style Louis XIII, à piétement en noyer sculpté, à entrejambes. Ils sont garnis de panne rouge et de bandes de tapisserie Renaissance à figures, fleurs et fruits.

51 — Deux Fauteuils de même forme, ceux-ci garnis de damas de soie rouge.

52 — Deux Fauteuils du XVIe siècle, forme carrée, en noyer, avec garniture en cuir cloutée de cuivre.

53 — Tabouret carré de style Louis XVI, en bois sculpté, garni de tapisserie ancienne.

54 — Ancienne Chaise paillée.

55 — Belle Cheminée de style Henri II, en noyer sculpté à colonnes cannelées, bandeau godronné et entablement orné d'un motif à cartouche, entrelacs et feuillages. Elle est surmontée d'une hotte garnie de coquilles.

56 — Deux grands Landiers en fer forgé garnis de potences et reliés par une galerie, avec pelle et pincettes de même travail.

CHAMBRE A COUCHER

57 — Cheminée de style Renaissance en chêne sculpté, à colonnes doriques, bandeau de godrons et motifs à fruits, feuillages et draperies. Elle est surmontée d'une hotte garnie de fleurs de lis.

58 — Grand Lit de style Renaissance, à colonnes balustres et baldaquin en chêne sculpté. Le baldaquin est garni d'un ciel-de-lit en damas rouge, et de trois bandes d'ancienne application d'ornements de soie à rinceaux et feuillages en jaune et vert sur velours rouge, bordé d'une frange.

59 — Deux Tables de nuit de forme carrée en chêne sculpté, à motifs Renaissance.

60 — Meuble style Louis XIII à deux corps, en bois sculpté, orné de quatre colonnettes torses. Il ouvre à deux portes et un tiroir.

61 — Prie-Dieu de style gothique, composé de panneaux sculptés à motifs ogivaux.

62 — Deux grands Fauteuils, style Renaissance, en chêne sculpté, garnis de bandes en broderie de soie et d'or sur fond de velours rouge du xvie siècle.

63 — Parement de fenêtre, composé : 1° d'un Bandeau et de deux Pentes en velours rouge enrichi de cinq motifs en broderie d'or et de soie du xvie siècle, à figures et ornements, et 2° d'un Rideau de satin rouge, appliqué d'une ancienne broderie de soie représentant un berger prosterné devant la Vierge et l'Enfant Jésus.

64 — Couvre-Lit en velours rouge enrichi de trois bandes de broderie du xvie siècle, en soie, or et argent, représentant des figures religieuses et des ornements.

65 — Tenture murale en ancien damas de soie rouge.

SALLE A MANGER

66 — Belle Table de salle à manger en noyer, de forme carrée avec quatre pieds contournés, genre Louis XIV, reliés par des croisillons.

67 — Douze Chaises de style Louis XIV, en noyer sculpté et garnies de canne.

68 — Grande Table rectangulaire en noyer, de style Henri II, avec piétement à huit colonnes reposant sur des traverses.

69 — Buffet lorrain du temps de Louis XV, en noyer sculpté, à montures contournées; il ouvre à deux portes.

70 — Buffet Louis XV, surmonté d'un casier, en bois de noyer sculpté et à moulures contournées, il ouvre à deux portes surmontées d'un tiroir, et est garni de ferrures découpées.

71 — Buffet Louis XIV, en chêne sculpté, ouvrant à deux portes, à rinceaux et moulures.

72 — Vitrine à argenterie à encadrement Louis XV, en chêne sculpté.

73 — Pannetière Louis XIV, en bois sculpté, à tiges de fleurs et gravé à quadrillages.

74 — Pannetière Louis XVI, en bois sculpté, à guirlandes et corbeille de fleurs.

75 — Vaissellier ancien en noyer.

76 — Boîte d'Horloge ancienne en bois sculpté.

77 — Horloge ancienne dans sa gaine, à moulures.

78 — Pétrin et son Support en noyer sculpté, à moulures contournées.

ANTICHAMBRE

79 — Grand Bahut Renaissance en noyer sculpté, offrant six cariatides sur les montants, un panneau central avec bas-relief : *Diane chasseresse*, et des encadrements à riches moulures sculptées à palmes à feuillages.

80 — Grand Coffre, présentant sur le devant un beau panneau gothique en bois sculpté à rosaces et un écusson. Il est garni de sa serrure ancienne.

81 — Coffre ancien en bois sculpté et mouluré, offrant sur la face trois panneaux en losanges.

82 — Stalle de style gothique et bois sculpté, offrant sur le dossier la figure de saint Louis.

83 — Rouet ancien et sa quenouille en bois tourné.

BIBLIOTHÈQUE

84 — Bibliothèque de style gothique, en chêne sculpté, à portiques et fleurons. Elle ouvre à trois vantaux grillagés.

85 — Table en noyer à pieds fuselés avec entrejambe, dessus en étoffe.

86 — Chaise longue en deux parties, garnie d'étoffe orientale et de panne verte.

87 — Deux Fauteuils, style Louis XIII, en noyer, garnis en damas rouge.

88 — Deux Chaises Louis XIII, en noyer.

89 — Table à thé en bois marqueté, à vases de fleurs.

90 — Divan recouvert d'un tapis oriental et de six coussins.

91 — Deux Rideaux de fenêtres en tissu de Karamanie.

92 — Chevalet à tableaux en chêne.

CABINET DE TOILETTE

93 — Table genre Louis XIII, en chêne, avec pieds à torsades.

94 — Deux Lampes électriques en cuivre. Style Renaissance.

95 — Grande Toilette-Lavabo, deux cuvettes, en pitchpin et bambou, dessus de marbre.

96 — Très grande Glace à encadrement de pitchpin.

97 — Table de toilette en bambou.

98 — Deux Chaises anciennes, paillées en couleur.

99 — Armoire normande en chêne sculpté.

100 — Porte Renaissance en bois sculpté.

TAPISSERIES ANCIENNES

ET ÉTOFFES

101 — Grande Tapisserie d'Aubusson du xviie siècle, représentant un paysage boisé avec cours d'eau au premier plan, collines et habitations dans la perspective. Bordure de fleurs et fruits.

102 — Tapisserie d'Aubusson du xviie siècle. Vue d'un château entouré de grands arbres. Bordure à fleurs et oiseaux.

103 — Ancienne Tapisserie d'Aubusson, à paysage avec chardons et fleurs au premier plan. Jolie bordure à trophées guerriers, attributs champêtres et fleurs.

104-105 — Deux petits Panneaux en tapisserie ancienne tissée de soie, sujets de verdure.

106 — Petit Panneau en tapisserie du xviiie siècle, tissée de soie, représentant un oiseau aquatique près d'un canard.

107 — Un Bandeau et deux Pentes de croisée, composés avec un encadrement d'ancienne tapisserie d'Aubusson à fleurs et rubans.

108 — Petit Écran à deux feuilles en noyer garni de soie jaune et d'un petit Lambrequin soie vert d'eau pailletée.

109 — Petite Table-Étagère garnie de soie brochée ancienne et de galons d'or.

110 — Divers Coussins en soierie ancienne, velours et broderie.

111 — Ancienne Broderie de soie de forme ronde, représentant le *Départ d'Ulysse*.

112 — Cinq Figures en ancienne broderie appliquée.

TAPIS D'ORIENT

113 — Tapis de Smyrne, fond bleu, dessin polychrome et bordure à fond rouge. Bordure en moquette rouge.

114 — Tapis de Smyrne, fond rouge; dessin vert et bleu.

115 — Carpette de Smyrne, fond rouge, à écoinçons jaunes.

116-119 — Quatre petites Carpettes persanes.

120 — Grande Carpette orientale, à fond bleu et ornements en couleur.

121 — Très grand Tapis oriental, à fond blanc, décoré d'arabesques en couleurs.

SCULPTURES ET BRONZES D'ART

122 — Deux Statuettes en marbre blanc, sculpté d'après PIGALLE : *L'Enfant au Nid* et *l'Enfant à l'Oiseau.*

123 — Petit Buste d'Enfant en terre cuite, par SAU-VAGEAU.

124 — Buste d'Enfant en terre cuite.

125 — Figure de Paysan italien en terre cuite peinte.

126 — Statuette de Chanteur florentin, bronze de BAR-BEDIENNE, d'après Paul DUBOIS. Haut. 0m80.

127 — Médaillon en bas-relief : Portrait de M. Adolphe Pinard, bronze de Marcelle LANCELOT, 1891.

128 — Médaillon en bronze : Bacchanale.

BRONZES D'AMEUBLEMENT

129 — Petite Pendule du temps de Louis XVI, à cadran tournant, en bronze doré et marbre blanc, représentant un temple de l'amour, orné de guirlandes de fleurs et de feuille de lauriers ; sur le socle, un cartouche émaillé porte le nom : *Robin, à Paris.*

130 — Deux Flambeaux de style Louis XVI, formés chacun d'une figure d'enfant, en bronze patiné, debout sur une terrasse carrée et supportant une lumière, en bronze ciselé et doré.

131 — Deux Chenets style Louis XVI, en bronze.

132 — Lustre à dix-huit lumières de style Louis XVI, en bronze doré, formé de rinceaux reliés à un carquois.

133 — Grand Lustre flamand à seize lumières, en cuivre poli.

134 — Quatre Appliques de même style, avec lampes électriques.

135 — Deux Chenets Louis XIII, à boules en cuivre.

136 — Deux Lampes flamandes à huit becs en cuivre, avec lampes électriques.

137 — Deux Lanternes appliques de style Vénitien, en cuivre poli repoussé, à bossages et surmontées d'un lion héraldique.

ÉTAINS, CUIVRES, FERS

138 — Cafetière, Pot à crème, Sucrier ovale et un Plateau rond en étain repoussé à côtes en spirales.

139 — Deux Canettes, forme balustre, en étain, portant les dates 1764 et 1779.

140 — Deux autres Canettes de formes variées en étain ancien.

141 — Broc en étain gravé à figure et ornements.

142 — Broc à couvercle annulaire en étain gravé.

143 — Une Ecuelle ancienne à anses plates et son plateau, en étain, à décor en relief.

144 — Deux autres Écuelles analogues de dimensions variées.

145 — Deux Plateaux ronds en étain, de travail moderne, représentant en bas-relief, l'un la figure d'Eve, l'autre l'Enlèvement de Ganymède.

146 — Quatre petits Plats à contours, en étain, décorés de motif rocaille en relief.

147 — Deux Plats ronds en étain gravé à armoiries.

148 — Cinq Assiettes à contour en étain.

149 — Hotte ancienne en cuivre rouge repoussé, offrant à la partie supérieure trois médaillons.

150 — Bassin de fontaine, forme carrée, en cuivre rouge repoussé.

151 — Un Plateau rond oriental, en cuivre jaune repoussé.

152 — Deux Bougeoirs et une paire de Mouchettes en cuivre jaune.

153 — Une Lampe et un Chandelier en fer forgé.

154 — Miroir carré avec encadrement Louis XIII, en fer repoussé, à figures de Sirènes, d'enfants et à mascarons.

155 — Ancienne Lanterne hollandaise, en cuivre jaune repoussé et gravé (avec lampes électriques).

156 — Deux Appliques à trois branches porte-lumières, en cuivre poli, de style Renaissance, à cariatides et mascarons.

157 — Deux paires de Flambeaux, style Louis XIII, en cuivre jaune gravé, l'une découpée à jour.

158 — Une Fontaine, forme conique et son Bassin, en cuivre rouge gravé.

159 — Deux Chandeliers en fer forgé, à torsades.

160 — Obus allemand et un fragment provenant du Siège de Paris.

BRONZES JAPONAIS

161 — Deux Vases en bronze du Japon, décorés de dragons en relief.

162 — Brûle-Parfums, formé d'un groupe en bronze japonais. Personnage monté sur un éléphant.

163 — Brasero sphérique à couvercle surmonté d'une chimère en bronze japonais frotté d'or.

164 — Brasero à trois pieds en bronze japonais gravé en relief, socle et couvercle en bois.

165 — Deux Flacons à long col en bronze japonais patiné de diverses nuances et un Vase en cuivre jaune gravé.

166 — Grand Brasero rond à deux anses et trois pieds, en ancien bronze du Japon, à ornements gravés en relief et damasquinés d'argent.

167 — Deux Lampes montées sur des vases carrés en bronze japonais.

168 — Lanterne chinoise en bronze, suspendue à une potence en fer.

169 — Petite Jardinière ronde en émail cloisonné de la Chine, à fond bleu, décorée de fleurs et de papillons.

170 — Vase formant jardinière en émail cloisonné, fond rouge.

171 — Deux petits Pitongs japonais en fer damasquiné
d'or et une petite Carpe en bronze.

172 — Deux Pitongs en bambou sculpté.

CÉRAMIQUE

173 — Grande Vasque ronde en porcelaine du Japon, à
décor de fleurs, arabesques en bleu, avec support,
trépied en bois.

174 — Vasque analogue à la précédente.

175 — Deux Vasques rondes en porcelaine gros bleu.

176 — Grand Vase forme ovoïde en poterie de Satzuma,
décoré d'un sujet fantastique, le couvercle surmonté
d'une chimère.

177 — Grand Plat rond en faïence artistique représentant une corbeille de pensées.

178 — Deux Plateaux ronds en faïence artistique au
chiffre de François Ier.

179 — Jardinière forme baril, en terre artistique, à
fleurs en relief sur fond bleu, dans le goût japonais.

180 — Petite Armoire à deux portes, style Louis XV, en
faïence, genre de Marseille, à riche décor.

181 — Deux Potiches en ancienne faïence de Delft, à
décor bleu à fleurs.

182 — Bannette rectangulaire en faïence, à décor rouen-
nais, en bleu et rouge.

183 — Dix pièces : petits Plateaux et Saucière en porcelaine de l'Inde. à décor bleu.

184 — Cinq Plats oblongs en faïence de Rouen et de Moustiers, à décor bleu.

185 — Deux Saladiers et quatre Plats ronds en faïence italienne et de Nevers.

186 — Quatre Assiettes en faïences diverses.

187 — Deux paires de Jardinières appliques en faïence ancienne.

188 — Deux Jardinières appliques en faïence de Moustiers, décor rocaille.

189 — Deux petits Cornets en faïence italienne, décorés d'écussons.

190 — Deux Cornets en faïence italienne, à décor bleu et armoiries.

191 — Une Canette en faïence allemande.

192 — Six pièces : Salières, Porte-Huilier et Moutardier en faïence ancienne.

193 — Un Flacon, une Théière, un Sucrier et deux Pots à crème en porcelaine de l'Inde et du Japon, décor bleu.

194 — Deux Vases gargoulettes en faïence italienne, un Broc et un Plat à décor de fleurs.

195 — Deux petits Pichets formés de figurines et deux Vaches en faïence hollandaise.

196 — Petite Salière carrée en faïence de Delft, décor bleu, et une Jardinière octogone en faïence de Nevers.

197 — Coupe japonaise entourée de cinq figures en porcelaine et deux Magots en pierre de lard.

198 — Statuette de jeune Femme, en porcelaine, genre Saxe.

199 — Lanterne en faïence ancienne et une Potence en fer forgé.

200 — Vase marocain en terre et une Canette en grès émaillé bleu.

201 — Jardinière ronde en terre avec sujet égyptien en bas-relief.

202 — Deux Lampes en terre décorée, de style japonais, avec montures en bronze.

203 — Deux petites Chimères en porcelaine de Chine émaillée en vert, jaune et manganèse.

204 — Petite Coupe ronde en émail, genre Louis XIII, à décor de tulipes.

205 — Petit Vase en cristal de Léveillé.

VITRAUX ARTISTIQUES

206 — Deux Volets de fenêtre avec impostes en vitraux artistiques, avec deux sujets : *Jésus aux Oliviers* et le *Portement de Croix*.

207 — Deux autres Volets sans sujets.

208 — Deux Volets de fenêtre avec impostes décorées de fleurs et d'oiseaux, par CH. CHAMPIGNEULLE fils.

OBJETS VARIÉS

209 — Tête de chérubin en bois sculpté peint et doré. Époque Louis XIII.

210 — Petit Cadre italien du xviiie siècle, en bois doré, à ornements rocaille et fronton à armoiries, il renferme une broderie de soie à vase de fleurs.

211 — Deux Flambeaux porte-cierges en bois sculpté, peint en bleu et rehaussé d'or. xviie siècle.

212 — Coffret à couvercle bombé en bois laqué et burgauté.

213 — Deux Hallebardes anciennes.

214 — Coffret gothique avec serrure à moraillon, en fer découpé à jour.

215-216 — Deux Éventails Louis XVI, à monture de nacre et feuilles en soie, décorées de paillettes.

217 — Coffret oblong en verre opalin avec monture en bronze doré du temps de l'Empire.

218 — Deux petites Coupes rondes en argent repoussé, à palmettes et rinceaux.

219 — Petite Coupe ou jardinière en argent repoussé, à guirlandes de fleurs.

220 — Petite Coupe ovale en argent repoussé à godrons.

221 — Ancienne Couverture de livre en argent repoussé, à dais écussons et vases.

222 — Gobelet Louis XIV, en argent.

223 — Buvard en cuir gaufré, à ornements de style Renaissance, et une Écritoire en bois appliqué de cuivre.

224 — Timbre en forme de gong monté sur un chevalet en cuivre argenté.

225 — Deux Presse-Papier en bronze, un oiseau mort, une petite meule et un encrier formé d'une corbeille.

226 — Petit Chat en bronze de FRÉMIET et un petit groupe : Poussin devant une jatte.

227 — Magot à tête mobile et un petit vase formé d'un éléphant en poterie japonaise.

228 — Support chinois en bois de fer sculpté à jour et à dessus de marbre.

229 — Miroir de style Louis XIII, à bordure biseautée.

230 — Miroir de toilette genre Louis XV, gravé à ornements avec deux branches à deux lumières en cuivre argenté.

LIVRES

231 — 1 vol. *Mœurs, usages et costumes au Moyen-Age et à l'époque de la Renaissance*, par Paul Lacroix (Firmin-Didot).

232 — 1 vol. *Manon Lescaut*, illustré par Maurice Leloir, (Launette).

233 — 1 vol. *Severo Torelli*, François Coppée (Lemerre).

234 — 4 vol. Œuvres de Rabelais (Lemerre).

235 — 1 vol. *L'Escrime et le Duel*.

236 — 7 vol. Théâtre complet d'Alexandre Dumas fils (Calman Lévy).

237 — 9 vol. Alfred de Musset (Lemerre).

238 — 72 vol. reliés. Romans, Histoire, Classiques.

239 — 3 vol. Romans anglais.

240 — 33 vol. Partitions d'Opéras, Opéras-Comiques, Opéras-Bouffes.

241 — 21 vol. Musiques pour pianos et de chant.

BIJOUX

242 — Montre de femme, or, boîte or. Chiffre AB.

243 — Montre de femme, or, boîte or à remontoir. Chiffre AV.

244 — Chaîne de gilet or, ornée de huit perles.

245 — Collier gourmette or.

246 — Chaîne de col or et Médailles.

247 — Chaîne de col or.

248 — Bracelet-gourmette or, et émeraude.

249 — Bracelet-gourmette or, rubis et deux brillants.

250 — Bracelet-gourmette or et sept brillants.

251 — Bracelet-gourmette or et un brillant.

252 — Bracelet-gourmette or, perle entourée de roses.

253 — Bracelet-gourmette or, avec boule.

254 — Bracelet serpentin, or.

255 — Bracelet coulisse, or.

256 — Bracelet or, travail espagnol.

257 — Médaillon or et lapis.

258 — Broche-barrette ornée de brillants et de perles, forme poire.

259 — Broche ornée d'une pierre émeraude et brillants.

260 — Broche-Chiffre ornée d'un brillant et de roses.

261 — Broche-Masque, or et roses.

262 — Broche or, forme fleur, pavée de roses et d'un brillant.

263 — Broche or, forme fleur.

264 — Deux Broches-Médailles or.

265 — Broche-barrette or, ornée de dix-huit brillants et deux grosses perles.

266 — Rivière de soixante et onze brillants.

267 — Broche-barrette or, ornée de douze brillants.

268 — Bague or, ornée de brillants, rubis, saphirs, émeraudes et roses.

269 — Boutons d'oreilles perles fines, monture or.

270 — Croix et Boucles d'oreilles or et turquoises.

271 — Épingle de chapeau, or.

272 — Épingles à cheveux, écaille et strass.

273 — Quatre Rubis et un diamant, sur papier.

274 — Un lot de turquoises.

275 — Croix, Médaillons, Chaînette et Breloque, forme cœur.

276 — Un lot de faux bijoux : Colliers, Parures, Broches, Épingles, Boucles d'oreilles, Boucles.

ARGENTERIE

277 — Dix-huit Fourchettes de table et douze Cuillers.

278 — Douze Couverts d'entremets.

279 — Trente Fourchettes et douze Cuillers de table.

280 — Quatorze Fourchettes et treize Cuillers à entremets.

281 — Douze Cuillers à café.

282 — Dix-huit Fourchettes à huîtres, argent, manche
bois noir.

283 — Douze Salières, forme marmites et douze petites
Pelles.

284 — Service à salade.

285 — Une Louche et Couvert d'enfant.

286 — Pelle à asperges, deux Pelles à sucre, Pince à
sucre.

287 — Deux Cuillers à œufs, manche argent et Pelle à
hors-d'œuvre.

288 — Deux Casse-Noix et Ciseaux à fruits.

289 — Truelle à poisson.

290 — Pince et Pelle à sucre.

291 — Cuiller à ragoût.

292 — Couvert en argent russe.

293 — Tire-Bouchon, Couvert et petite Cuiller.

294 — Un Plateau et douze Gobelets.

295 — Timbale et Cuiller à œufs.

296 — Pince à sucre, Pelle et Pince, Cuiller et Four-
chette à bonbons.

297 — Trois Pièces hors-d'œuvre et un Couteau

298 — Deux Plats ronds.

299 — Un Plat long.

300 — Un Déjeûner et sa Soucoupe.

301 — Un grand Plat rond.

302 — Un Plateau.

3o3 — Couvercle de légumier.

3o4 — Cafetière Louis XV.

3o5 — Coupe à déguster.

3o6 — Timbale et Cuiller à œufs.

3o7 — Pot à lait, double Coquetier.

3o8 — Petite Bouillote.

3o9 — Un Poêlon argent, Poivrière argent.

3io — Un Sucrier.

3i1 — Une Bouillote.

3i2 — Trois Ronds de serviette.

3i3 — Douze Pelles à sel.

3i4 — Trente et un Couteaux de table.

3i5 — Dix-huit Couteaux à dessert, lame argent.

3i6 — Dix-huit Couteaux à dessert, lame acier.

3i7 — Vingt-trois Couteaux de table, manche noir.

3i8 — Deux Légumiers et couvercles, métal argenté.

3i9 — Grand Plateau, métal argenté.

32o — Neuf pièces : Coquetiers et Brûloir. métal argenté.

32i — Deux Carafes, monture métal argenté.

322 — Six Salières et six Pelles métal argenté.

www.ingramcontent.com/pod-product-compliance
Ingram Content Group UK Ltd.
Pitfield, Milton Keynes, MK11 3LW, UK
UKHW022329170726
13837UKWH00005BA/2184